Yvon Dallaire

# Caderno de exercícios para fazer casais felizes

Ilustrações de Jean Augagneur

Tradução de Stephania Matousek

EDITORA VOZES
Petrópolis

© Éditions Jouvence S.A., 2012
Chemin du Guillon 20
Case 143
CH-1233 — Bernex
http://www.editions-jouvence.com
info@editions-jouvence.com

Tradução do original em francês intitulado
*Petit cahier d'exercices des couples heureux*

Direitos de publicação em língua portuguesa —
Brasil: 2015, Editora Vozes Ltda.
Rua Frei Luís, 100
25689-900 Petrópolis, RJ
www.vozes.com.br
Brasil

Todos os direitos reservados. Nenhuma parte desta obra poderá ser reproduzida ou transmitida por qualquer forma e/ou quaisquer meios (eletrônico ou mecânico, incluindo fotocópia e gravação) ou arquivada em qualquer sistema ou banco de dados sem permissão escrita da editora.

**CONSELHO EDITORIAL**

**Diretor**
Volney J. Berkenbrock

**Editores**
Aline dos Santos Carneiro
Edrian Josué Pasini
Marilac Loraine Oleniki
Welder Lancieri Marchini

**Conselheiros**
Elói Dionísio Piva
Francisco Morás
Gilberto Gonçalves Garcia
Ludovico Garmus
Teobaldo Heidemann

**Secretário executivo**
Leonardo A.R.T. dos Santos

*Editoração*: Gleisse Dias dos Reis Chies
*Projeto gráfico*: Éditions Jouvence
*Arte-finalização*: Sheilandre Desenv. Gráfico
*Capa/ilustração*: Jean Augagneur
*Arte-finalização*: Editora Vozes

**PRODUÇÃO EDITORIAL**

Aline L.R. de Barros
Marcelo Telles
Mirela de Oliveira
Otaviano M. Cunha
Rafael de Oliveira
Samuel Rezende
Vanessa Luz
Verônica M. Guedes

**Conselho de projetos editoriais**
Isabelle Theodora Martins
Luísa Ramos M. Lorenzi
Natália França
Priscilla A.F. Alves

ISBN 978-85-326-5090-0 (Brasil)

ISBN 978-2-88353-992-1 (Suíça)

Este livro foi composto e impresso pela Editora Vozes Ltda.

## Dados Internacionais de Catalogação na Publicação (CIP)
## (Câmara Brasileira do Livro, SP, Brasil)

Dallaire, Yvon
    Caderno de exercícios para fazer casais felizes / Yvon Dallaire ; ilustrações de Jean Augagneur ; tradução de Stephania Matousek. — Petrópolis, RJ : Vozes, 2015. — Coleção Cadernos: Praticando o Bem-estar)
    Título original : Petit cahier d'exercices des couples heureux

    Bibliografia.

    8ª reimpressão, 2024.

    ISBN 978-85-326-5090-0

    1. Casais — Psicologia   2. Casais — Relações interpessoais
I. Augagneur, Jean.   II. Título.   III. Série.

15-06112                                                                CDD-158.2

Índices para catálogo sistemático:
1. Casais : Relacionamento : Psicologia
aplicada       158.2

# Casais felizes... existem!

Apesar das dificuldades da vida a dois, o fato de formar um casal ainda hoje representa o melhor estilo de vida e a maior garantia de felicidade. Certos casais são felizes durante a época da sedução e da lua de mel, ou seja, de alguns meses a dois ou três anos; já outros sabem permanecer felizes a mais longo prazo.

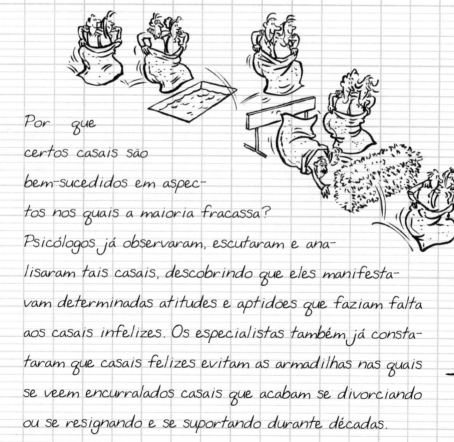

Por que certos casais são bem-sucedidos em aspectos nos quais a maioria fracassa? Psicólogos já observaram, escutaram e analisaram tais casais, descobrindo que eles manifestavam determinadas atitudes e aptidões que faziam falta aos casais infelizes. Os especialistas também já constataram que casais felizes evitam as armadilhas nas quais se veem encurralados casais que acabam se divorciando ou se resignando e se suportando durante décadas.

"Ficar apaixonado" ou "se enamorar" é relativamente fácil. Construir um casal que seja capaz de perdurar, sobreviver à diminuição da paixão, lidar com as múltiplas fontes de conflitos impossíveis de resolver e atravessar os inevitáveis momentos críticos da vida a dois exige muito mais do que sorte.

Para conseguir isso, é preciso bastante amor e boa-fé. Meus trinta anos de prática em terapia conjugal me convenceram de que casais em crise não carecem de amor e boa-fé.

O que mais lhes falta são conhecimentos sobre as diferenças existentes entre os homens e as mulheres, bem como sobre as dinâmicas conjugais inerentes à vida de um casal. Também faltam esforços para colocar estes conhecimentos em prática e substituir as estratégias destrutivas de casais infelizes pelas estratégias bem-sucedidas de casais felizes.

Foi por isso que eu escrevi este caderno de exercícios.

Pronto(a) para ser feliz?

# I. A felicidade

Primeiro, vamos tentar definir a felicidade. Escreva abaixo, da forma mais espontânea possível, a sua definição da felicidade:

.............................................................

.............................................................

.............................................................

.............................................................

.............................................................

Veja a seguir dez definições da felicidade apresentadas por diferentes pensadores. Avalie de 1 a 10 as que mais tenham a ver com a sua concepção da felicidade, dando nota 1 à sua definição preferida.

...... "Felicidade é desfrutar daquilo que você possui." Milton Erickson, psicólogo americano

...... "Amar e trabalhar." Sigmund Freud, pai da psicanálise, neurologista austríaco

...... "Um bem-estar mental permanente." Martin Seligman, psicólogo americano

...... "A felicidade nem sempre é confortável." Thomas d'Ansembourg, escritor belga

...... "É impossível ser feliz sem ser sábio." Epicuro, filósofo grego

...... "Um sentimento de alegria ativa." Baruch de Espinoza, filósofo holandês

...... "Felicidade é a satisfação de todas as nossas inclinações." Emmanuel Kant, filósofo alemão

...... "Uma aprovação incondicional da existência." Clément Rosset, filósofo francês

...... "Fazer o que você quer e querer o que você faz." Françoise Giroud, jornalista suíça

...... "Não há nenhum caminho para a felicidade; a felicidade é o caminho." Lao Tsé, sábio chinês

**A partir da sua definição inicial e das definições dos pensadores, como você redefiniria agora a sua concepção da felicidade?**

.....................................................................

.....................................................................

Sejamos ainda mais exatos. Se, dentre todas as definições e concepções da felicidade citadas, você só pudesse escolher uma palavra, um único sinônimo da felicidade, qual seria?

.....................................................................

**Essa palavra provavelmente representa a prioridade da sua vida, a coisa que você mais valoriza e pela qual você tanto "se esforça". Faça um desenho dela:**

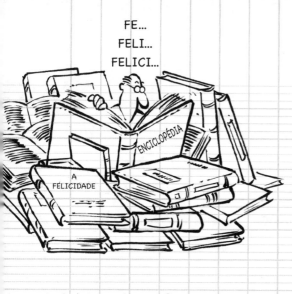

FE...
FELI...
FELICI...

Mas, afinal, o que é a felicidade? Será que é "um estado duradouro de plenitude e satisfação, um estado agradável e equilibrado da mente e do corpo, no qual estão ausentes sofrimento, estresse, preocupação e problemas" (Wikipédia)? Será que este estado pode ser permanente? E como alcançá-lo?

## Etimologia

A palavra felicidade em francês, **bonheur**, teve origem na expressão bon eür. Eür vem da palavra latina **augurium**, que significa "crescimento concedido pelos deuses a alguma obra"[1]. A felicidade seria, portanto, o resultado de um esforço, e não uma simples alegria passageira. Um esforço que resulta em sucesso provoca, por si só, um acúmulo de satisfações que leva quem o tiver feito à felicidade. Como diz o provérbio, "ajuda-te, e o céu te ajudará". Logo, a felicidade não é inata, embora, segundo Stefan Klein[2], uma em cada três pessoas nasce com um potencial de otimismo maior.

---

[1] A palavra felicidade em português vem do latim **felicitas**, que significa fecundidade, fertilidade, favor dos deuses, prosperidade, ventura [N.T.].

[2] KLEIN, S. **A fórmula da felicidade** – Como as recentes descobertas das neurociências podem ajudar você a produzir emoções positivas, harmonia e bem-estar. Rio de Janeiro: Sextante, 2005.

Para encontrar a felicidade, primeiro é preciso fazer o
esforços necessários. A felicidade seria, assim, o resul
tado de uma construção e o acúmulo de inúmeras pequena
vitórias. Embora se diga por aí que a felicidade não é
objetivo da viagem, mas sim uma forma de viajar, pesquisa
parecem demonstrar que é possível aprender a ser feliz d
mesmo jeito que se aprende a ler ou cozinhar. Portanto,
felicidade seria, ao mesmo tempo, uma forma de viajar e
objetivo da viagem.

## O cérebro

A infelicidade e os sofrimentos psíquicos sempre fora
mais estudados do que a felicidade e a saúde. Os psicólogo
e psiquiatras sabem explicar melhor a origem das neuroses
psicoses do que o caminho para alcançar a felicidade. Iss
já suscitou toda uma indústria para lutar contra o estress
e a depressão.

Há pouco tempo, graças à tecnologia moderna, somos capaze
de observar o cérebro em atividade diretamente. Assi
sabemos melhor como os pensamentos se efetuam e como
emoções se desenvolvem. Sabemos, por exemplo, como a al
gria se manifesta em nossos neurônios quando pensamos

pessoa amada e qual é a bioquímica da alegria provocada pela imagem da pessoa amada.

Existem regiões específicas do nosso cérebro que produzem felicidade. Também existe uma bioquímica da felicidade. Assim como podemos estimular o centro da linguagem para aprendermos a falar, também podemos aprender a estimular os "centros da felicidade".

O cérebro continua se construindo durante a vida inteira, e podemos influenciar esta construção através de aprendizagens adequadas. Se expressar a sua raiva, você se tornará cada vez mais nervoso e irritável, pois sensibilizará os neurônios da raiva. Se relembrar todas as suas más lembranças, posso lhe garantir que você estimulará a produção de "hormônios tristes" e acabará virando um profeta do infortúnio.

Porém, o que vale para as emoções desagradáveis (raiva, medo, tristeza, culpa) também vale para as emoções agradáveis. Se você rir e sorrir, ficará mais alegre. Se exprimir o seu entusiasmo, você se tornará cada vez mais otimista. Se disser ao seu parceiro ou parceira que você o(a) ama, não somente você o(a) amará mais, como ele(a) também se tornará cada vez mais amável.

## A terapia da felicidade

A escolha é sua: você pode aprender a ser feliz ou infeliz decidindo expressar emoções felizes ou infelizes. Aprender a conter seus maus humores é uma excelente forma de cuidar do seu corpo. A expressão de sentimentos agradáveis fortalece o sistema imunitário, combate o estresse e reduz a nocividade do mesmo.

Existem provas disto: pessoas felizes são mais criativas, amorosas e amáveis. Elas enfrentam com mais facilidade as inevitáveis adversidades da vida, resolvem problemas de forma melhor e mais rápida, pois, como diz Thomas d'Ansembourg: "A felicidade nem sempre é confortável".

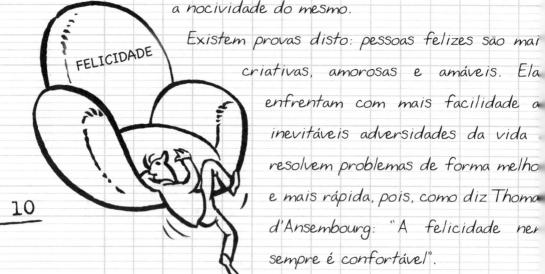

Os pensamentos e as sensações são dois lados de uma mesma moeda. Sentimentos positivos estimulam as conexões nervosas do cérebro e favorecem a alegria, o amor e a gentileza. Casais que dizem frequentemente "eu te amo" um ao outro são mais felizes do que os que expressam mais suas frustrações.

## A infelicidade destrói, a felicidade constrói.

Represente esta máxima com dois desenhos espontâneos:

A infelicidade destrói!

**A felicidade constrói!**

# II. Amor é fogo que arde sem se ver...

Talvez o termo que você escolheu como sinônimo de felicidade mais acima tenha sido a palavra "amor". Ou então talvez tenha sido outro termo ou outra realidade que, no entanto, você pode obter no amor ou através do amor. Para certas pessoas, o amor é a coisa mais importante do mundo. Tais indivíduos não conseguem imaginar a vida sem amor e, para eles, não há nada pior do que uma dor de cotovelo. "Dor de cotovelo não tem remédio", diz o ditado. A meu ver, a falta de amor é pior do que uma dor de cotovelo. Porém, uma coisa é certa: quem ama também corre o risco de sofrer.

É provável que o amor já tenha sido tema de muito mais textos do que qualquer outro assunto, inclusive a felicidade. Ele já foi cantado, colocado em poemas, discutido em filosofia e debatido em diversos ensaios psicológicos. Muito já se falou sobre as alegrias e tormentos do amor. Também já foi dito que ele move montanhas.

Mas, afinal, o que é o amor para você? Escreva aqui a sua definição pessoal do amor, listando abaixo os dez primeiros sinônimos que passarem pela sua cabeça.

1 ...........................     6 ...........................

2 ...........................     7 ...........................

3 ...........................     8 ...........................

4 ...........................     9 ...........................

5 ...........................     10 ...........................

Agora, tente dividir os seus sinônimos em duas categorias. Pode ser que uma categoria tenha mais palavras do que a outra. O importante é você encontrar dois pontos em comum entre todas as palavras.

Primeira categoria:        Segunda categoria:

..............................    ..............................
..............................    ..............................
..............................    ..............................
..............................    ..............................
..............................    ..............................

## Amor ou paixão?

Para a maioria das pessoas, amor é sinônimo de paixão. Já para outras, é o afeto que é a prova do amor verdadeiro. E para você? Será que você prefere a intensidade passional? Ou a continuidade do afeto? A emoção (pulsão) ou o sentimento (razão)?

Descreva aqui o momento mais intenso da sua vida amorosa:

..............................................................

..............................................................

..............................................................

..............................................................

O que você sentia então no seu corpo? (Por exemplo, frio na barriga)

..............................................................

..............................................................

..............................................................

..............................................................

Que emoções você vivenciava? (Por exemplo, euforia)

..............................................................

..............................................................

..............................................................

..............................................................

Você se lembra dos seus pensamentos?

..............................................................

..............................................................

..............................................................

..............................................................

E das suas fantasias?

..............................................................

..............................................................

..............................................................

A paixão se manifesta através de cinco elementos (já certas pessoas diriam "sintomas"). Envolva as suas respostas no exercício a seguir

1. A pessoa, alvo da sua paixão, invade os seus pensamentos de maneira incontrolável. Você sonha com ela noite e dia e só deseja encontrá-la.

Você já teve a impressão de que o Cupido havia acertado o seu coração com uma flecha?
      Sim      Não

Você já teve a impressão de ter perdido o controle das suas emoções?
      Sim      Não

Seus amigos ou parentes já lhe disseram que não o(a) reconheciam mais desde que você começou a sair com aquela pessoa?
      Sim      Não

2. O alvo da sua paixão não tem defeitos; você finalmente encontrou a alma gêmea que tanto procurava há um tempão.

Você já teve a convicção de que aquela nova pessoa era totalmente diferente de todas as que você havia encontrado antes?
   Sim      Não

Você já teve certeza de que havia acabado de encontrar A MULHER ou O HOMEM da sua vida?
      Sim      Não

Você já disse a si mesmo(a) "Finalmente!"?
      Sim      Não

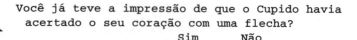

3. Você vive com a esperança de que essa atração seja recíproca e entra em pânico só de pensar em perder a fonte de tantos prazeres intensos.

>Você já viveu só "de amor e água fresca"?
>    Sim     Não
>
>Você já esperou que "aquilo" fosse durar para sempre?
>    Sim     Não
>
>Você já teve medo de que aquela pessoa morresse?
>    Sim     Não

4. Suas emoções são verdadeiras montanhas-russas: qualquer prova de amor da pessoa desejada o arrebata, mas qualquer hesitação dela o deixa angustiado.

>Você já teve a impressão de "flutuar" em presença daquela pessoa?
>    Sim     Não
>
>Você já experimentou uma excitação sexual permanente, noite e dia?
>    Sim     Não
>
>Você já pensou em morrer se aquela pessoa largasse você?
>    Sim     Não

5. Por nada no mundo você faria algo que pudesse desagradar àquela pessoa ou fazê-la fugir.

>Você já teve a sensação de se fundir com ela?
>    Sim     Não
>
>Você já teve a impressão de estar sozinho(a) no mundo, mesmo no meio de uma multidão?
>    Sim     Não
>
>Você já quis que o tempo parasse?
>    Sim     Não

Chaucer[3] diz que "o amor é cego". Beigbeder[4] acrescenta que "o amor só dura três anos". Ambos os escritores estão falando, obviamente, apenas do amor-paixão, e não do amor-afeto, que caracteriza os casais a longo prazo.

Na verdade, é "a paixão que é cega". A vida a dois nos torna mais realistas, para não dizer que ela "nos devolve a visão". A paixão é feita de intensidade e inconsciência, pois a chama que nos move em direção ao outro é, na realidade, uma pulsão que a Natureza colocou no corpo do homem e da mulher para garantir a sobrevivência da espécie.

## O amor-afeto

O amor-afeto se desenvolve ou não à medida que você vai conhecendo melhor a pessoa que suscitou o seu amor-paixão. O amor-afeto é, portanto, fruto de uma decisão tomada após uma reflexão baseada no conhecimento do outro.

---

3. Geoffrey Chaucer (1343-1400) foi um escritor, autor, filósofo, diplomata e poeta inglês.
4. Frédéric Beigbeder (21 de setembro de 1965) é um escritor e crítico literário francês.

Você se lembra do momento em que tomou a decisão de se comprometer com a pessoa com a qual você vive desde então? Você se lembra do dia em que decidiu renunciar a todas as outras pessoas para se dedicar apenas a ela, com a esperança de que esse "amor durasse para sempre"?

.......................................................

O que você sentiu então no seu corpo?

.......................................................

Que sentimentos você vivenciou?

.......................................................

Você se lembra dos seus pensamentos?

.......................................................

E das suas esperanças?

.......................................................

Veja a seguir dez definições do amor apresentadas por diferentes pensadores. Avalie de 1 a 10 a definição que mais tenha a ver com a sua concepção da felicidade, sendo que a nota 1 representa a sua definição preferida.

...... "Movimento afetivo espontâneo para atender a uma necessidade." Michelle Larivey, psicóloga quebequense

...... "Uma transcendência de si mesmo e um impulso para o futuro." Francesco Alberoni, sociólogo italiano

..... "Uma pulsão biológica feita de desejo sexual, amor romântico e afeto." Helen Fisher, antropóloga canadense

..... "A paixão é um impulso, o amor é uma decisão." Scott Peck, psiquiatra americano

..... "A capacidade de superar o medo de amar." Gérard Leleu, sexólogo francês

..... "O brado de uma incompletude que busca uma incompletude." Jules Bureau, psicólogo quebequense

..... "Ser feliz, em vez de querer ter razão." John Gottman, psicólogo americano

..... "Aceitar o fato de precisar do outro."
Rose-Marie Charest, psicóloga quebequense

..... "Solução do ser humano para a sua angústia de separação." Erich Fromm, psicanalista alemão

..... "Sentimento intenso e agradável que incita as pessoas a se unirem." Wikcionário

A partir das definições dos pensadores e da sua própria experiência pessoal, como você descreveria a sua concepção do amor?

.................................................................

Sejamos ainda mais exatos. Se, dentre todas as definições do amor citadas, você só pudesse escolher uma palavra, um único sinônimo do amor, qual seria?

.................................................................

Ilustre-a:

## III. Sua história amorosa

A nossa esperança de vida hoje em dia é suficientemente longa para termos mais de uma história de amor. Cada história pode ser mais ou menos duradoura, dependendo se você busca intensidade ou estabilidade. Para ajudá-lo(a) a reconstituir o seu histórico e, assim, aprender a se conhecer melhor e definir com mais exatidão a sua concepção da felicidade e do amor, responda às perguntas a seguir sobre cada relacionamento amoroso em que você tenha entrado, inclusive o relacionamento atual.

### O seu primeiro amor

O primeiro amor é aquele que deixa uma marca única e às vezes influencia o resto da nossa vida. Também é aquele que provoca, na maior parte das vezes, a nossa primeira dor de cotovelo.

Quantos anos você tinha? ..................
Quantos anos o seu parceiro ou parceira tinha? ..................
Quanto tempo durou o relacionamento de vocês? ..................
A sua primeira vez foi com ele(a)? ..................
Como você qualificaria esse relacionamento? ..................

Quem terminou o relacionamento? . . . . . . . . . . . . . . . . . . . . . . . .

Foi a sua primeira dor de cotovelo? . . . . . . . . . . . . . . . . . . . . . . . .

Você se lembra de certos acontecimentos ou certas características desse relacionamento?

. . . . . . . . . . . . . . . . . . . . . . . . . . . . . . . . . . . . . . . . . . . . . . . . . . . . . . . .

. . . . . . . . . . . . . . . . . . . . . . . . . . . . . . . . . . . . . . . . . . . . . . . . . . . . . . . .

. . . . . . . . . . . . . . . . . . . . . . . . . . . . . . . . . . . . . . . . . . . . . . . . . . . . . . . .

. . . . . . . . . . . . . . . . . . . . . . . . . . . . . . . . . . . . . . . . . . . . . . . . . . . . . . . .

O que você aprendeu sobre o amor e a felicidade com essa primeira história de amor?

. . . . . . . . . . . . . . . . . . . . . . . . . . . . . . . . . . . . . . . . . . . . . . . . . . . . . . . .

. . . . . . . . . . . . . . . . . . . . . . . . . . . . . . . . . . . . . . . . . . . . . . . . . . . . . . . .

. . . . . . . . . . . . . . . . . . . . . . . . . . . . . . . . . . . . . . . . . . . . . . . . . . . . . . . .

## Seus outros amores

Se você só tiver vivido um único grande amor na sua vida, pule para a próxima seção. Porém, se, como a maioria das pessoas, você tiver vivido vários amores, responda às seguintes perguntas:

O que você mais buscava no novo relacionamento amoroso?

. . . . . . . . . . . . . . . . . . . . . . . . . . . . . . . . . . . . . . . . . . . . . . . . . . . . . . . .

. . . . . . . . . . . . . . . . . . . . . . . . . . . . . . . . . . . . . . . . . . . . . . . . . . . . . . . .

O que você procurava evitar acima de tudo?

. . . . . . . . . . . . . . . . . . . . . . . . . . . . . . . . . . . . . . . . . . . . . . . . . . . . . . . .

. . . . . . . . . . . . . . . . . . . . . . . . . . . . . . . . . . . . . . . . . . . . . . . . . . . . . . . .

E, afinal, você conseguiu obter o que estava buscando?

. . . . . . . . . . . . . . . . . . . . . . . . . . . . . . . . . . . . . . . . . . . . . . . . . . . . . . . .

. . . . . . . . . . . . . . . . . . . . . . . . . . . . . . . . . . . . . . . . . . . . . . . . . . . . . . . .

O que você aprendeu sobre si mesmo(a) com todos os seus relacionamentos?

...........................................................................

...........................................................................

O que você aprendeu sobre o outro sexo com todos os seus relacionamentos?

...........................................................................

...........................................................................

Faça um desenho que represente o estado no qual você se encontrava (o balanço da sua vida) antes de entrar no seu relacionamento amoroso atual:

Se você não estiver em um relacionamento amoroso atualmente, mais uma razão para fazer o desenho. Será possível saber, assim, como você está se sentindo no momento, o que você não quer mais em um relacionamento e o que se tornou mais importante para você em qualquer relacionamento. De qualquer forma, responda às perguntas das páginas seguintes, relembrando o seu último relacionamento.

## Seu relacionamento atual

Vamos analisar agora a sua história de amor atual, que, obviamente, é o resultado de todos os seus relacionamentos anteriores. Sua história amorosa deveria tê-l(d)a) ajudado a identificar melhor o que você estava buscando e, teoricamente, ser mais feliz do que antes.

Quantos anos você tinha quando o seu relacionamento atual começou?
..................................................................
Quantos anos o seu parceiro ou parceira tinha?.....................
..................................................................
Esse relacionamento dura há quantos meses ou anos?...............
..................................................................
Por que você acha que esse relacionamento é diferente dos outros?
..................................................................

Você tem o sentimento de que finalmente "se engrandeceu" em amor, aumentando assim o seu grau de felicidade pessoal, ou de que, mais uma vez, apaixonou-se? Em francês, "apaixonar-se" se diz "tomber amoureux", que significa, literalmente, "cair amoroso". O verbo "cair" implica, por si só, uma perda de controle.

..................................................................
..................................................................
..................................................................
..................................................................

# IV. Casais normais e felizes

Casais normais não estão isentos de dificuldades. Eles são felizes... na maior parte do tempo, ao contrário de casais infelizes, que, por sua vez, brigam... na maior parte do tempo. Na verdade, o critério prognóstico da evolução dos casais reside na maneira como eles enfrentam os inevitáveis momentos difíceis da vida a dois e na forma como lidam - e não resolvem - os conflitos, que, em sua maioria, são irresolúveis.

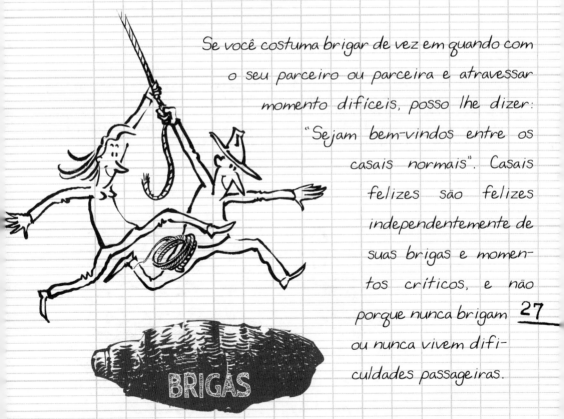

Se você costuma brigar de vez em quando com o seu parceiro ou parceira e atravessar momento difíceis, posso lhe dizer: "Sejam bem-vindos entre os casais normais". Casais felizes são felizes independentemente de suas brigas e momentos críticos, e não porque nunca brigam ou nunca vivem dificuldades passageiras.

Nunca se esqueça de que o contrário do amor não é o ódio, mas sim a indiferença. O ódio manifesta uma necessidade de amar e ser amado que foi frustrada: portanto, é um bom sinal. A indiferença é a prova de que o laço amoroso não existe mais e de que não há mais expectativas com relação ao parceiro ou parceira.

## Os conflitos conjugais

Todos os casais vivem às voltas com seis principais fontes de conflitos conjugais, que, em sua maioria, são impossíveis de resolver. Eles estão listados abaixo.

Quais são as principais fontes de conflitos conjugais que você já teve de enfrentar ou está enfrentando atualmente e que acha mais difíceis de superar? Enumere-as por ordem de importância (coloque o número 1 na mais difícil). Marque um X se alguma dessas fontes de conflito não atrapalhar o seu relacionamento.

....... Gestão do orçamento

....... Consenso sobre princípios educativos em comum

....... Relacionamentos com os parentes ou amigos de ambos

....... Divisão justa das tarefas domésticas

....... Invasão da vida profissional na vida conjugal e familiar

....... Vida sensual e sexual

Casais recompostos devem enfrentar duas novas fontes de conflito, que, na maior parte do tempo, também são impossíveis de resolver:

....... Os(as) "ex"

....... Os enteados

Você talvez já tenha tido de enfrentar outras fontes de conflito irresolúveis. Escreva-as aqui:

...............................................................................
...............................................................................
...............................................................................
...............................................................................
...............................................................................
...............................................................................
...............................................................................
...............................................................................

Que estratégia você costuma utilizar para evitar que tais fontes de conflitos irresolúveis atrapalhem o seu amor e a sua felicidade atuais?

...............................................................................
...............................................................................
...............................................................................
...............................................................................
...............................................................................
...............................................................................
...............................................................................
...............................................................................

## Os momentos críticos

Todos os casais também passam por momentos difíceis e, às vezes, até críticos.

Quais são os seus, dentre os nove momentos críticos mais frequentes listados abaixo? Enumere os que você já tenha atravessado ou esteja atravessando, levando em consideração o grau de dificuldade deles (coloque o número 1 no mais difícil).

....... A fase de "desidealização" ou teste da realidade (quando você descobriu quem era realmente a pessoa que tanto o(a) havia atraído).
....... O momento em que vocês juntaram os trapos em um apartamento ou compraram uma casa.
....... A chegada do fruto do amor de vocês (e dos seguintes): um filho.
....... As mudanças de carreira, promoções ou perdas de emprego.
....... Uma ou várias aventuras extraconjugais.

As fontes de conflito listadas acima geralmente surgem cedo na evolução de um casal. As listadas abaixo são aquelas que os casais mais antigos devem enfrentar. Elas talvez ainda não o(a) afetem... mas um dia afetarão.

....... A crise da meia-idade ou idade do lobo (em torno dos quarenta anos).
....... A saída dos filhos de casa ou síndrome do ninho vazio.
....... Uma doença ou a morte de um ente querido.
....... A aposentadoria.

OLHA ALI UMA OVELHINHA

Você talvez já tenha vivido ou esteja vivendo outros momentos difíceis. Escreva-os aqui:

..................................................................
..................................................................
..................................................................
..................................................................

Mais uma vez, que estratégia você utilizou ou está utilizando para evitar que tais momentos difíceis transformem o seu relacionamento amoroso em um relacionamento difícil ou tóxico[5]?

..................................................................
..................................................................
..................................................................
..................................................................

## Os relacionamentos tóxicos

Existe uma diferença entre um momento difícil completamente normal e um relacionamento difícil que se tornou tóxico. Veja a seguir os principais elementos de um relacionamento tóxico, o qual necessita que um terapeuta competente interfira ou que você termine o mais cedo possível, pois é impossível ser feliz em um relacionamento desse tipo:

• Seu parceiro ou parceira exerce violência física de forma repetitiva contra você ou contra as crianças.

---

5, Para saber mais sobre relacionamentos tóxicos cf. DALLAIRE, Y. **Qui sont ces femmes heureuses?** Quebec: Option Santé, 2009.

- Seu parceiro ou parceira é alcoólatra, dependente químico(a), jogador(a) compulsivo(a), ciberdependente (sexual ou não).
- Seu parceiro ou parceira é um(a) infiel crônico(a).
- Você não tem nenhuma afinidade nem interesse em comum com o seu parceiro ou parceira.
- Você se vê na obrigação de lutar constantemente para satisfazer as suas necessidades legítimas.
- A sua vida conjugal é, apesar de todos os seus esforços, um território devastado, no qual reinam apenas vazio, isolamento, carência, silêncio, distância, humilhação, mentiras, zombarias constantes... em uma palavra: violência psicológica.
- O seu parceiro ou parceira é um manipulador perverso ou "vampiro emotivo", seja qual for a forma que essa manipulação tenha adotado: um pequeno vampiro que se alimenta de emoções.
- Ciúme: "Você não tem o direito de existir sem mim!"
- Fraqueza: "Eu não sou nada sem você!"
- Poder: "Você vai agir do jeito que eu quiser, senão..."
- Servidão: "Você nunca será capaz de fazer nada sem mim!"
- Culpa: "É tudo culpa sua!"
- Ameaça: "Se você me largar, vai pagar muito caro!" ou "Eu me suicido se você me deixar!"

Escute a sabedoria da sua vozinha interior, que lhe diz não haver nenhuma esperança em tais relacionamentos. Quanto mais cedo você terminar, mais rápido conseguirá encontrar um(a) parceir(a) carinhos(a). Você tem direito a amor e felicidade.

**Desenhe esta frase: Eu tenho direito a amor e felicidade!**

## Sua taxa de satisfação

Casais felizes são aqueles que souberam, através dos conflitos impossíveis de resolver e das inevitáveis crises da vida a dois, estabelecer um clima de confiança, respeito e admiração que permite satisfazer 25 necessidades legítimas.

Para saber qual é o estado da sua felicidade (ou infelicidade) conjugal, avalie o seu grau de satisfação com relação às 25 necessidades a seguir, com base na escala apresentada abaixo.

1 = Muito insatisfeito
2 = Pouco satisfeito
3 = Satisfeito
4 = Satisfeito o suficiente
5 = Muito satisfeito

Confiança e respeito recíprocos ............
Respeito pelo meu território e meus hábitos ............
Sentimento de admiração pelo meu parceiro ou parceira ............
Sentimento de que o meu parceiro ou parceira me admira ............
Sentimento de cumplicidade com o meu parceiro ou parceira ............
Acordo sobre os nossos projetos a curto, médio e longo prazo ............
Comunicação verbal das nossas emoções ............
Frequência das nossas relações sexuais ............
Qualidade das nossas relações sexuais ............
Momentos de ternura, sem sexualidade ............
Educação dos nossos filhos (atuais ou futuros) ............
Acordo sobre as nossas finanças ............

13. Divisão das tarefas domésticas ............

14. Relacionamentos com os parentes de cada um ............

15. Nossas atividades de lazer ............

16. Vida no dia a dia ............

17. Tomada de decisões ............

18. Resolução dos nossos conflitos ............

19. Quantidade de tempo que passamos juntos ............

20. Qualidade do tempo que passamos juntos ............

21. Apoio obtido durante momentos difíceis ............

22. Relações sociais com nossos casais de amigos ............

23. Períodos de férias a dois, em família ou sozinhos ............

24. Nosso compromisso recíproco e a divisão do nosso

poder ............

25. Meu sentimento de liberdade na nossa vida conjugal ............


Calcule o total = ............

Depois, subtraia 25 pontos do total = ............ %


**Resultado:**

O resultado obtido fornece uma fotografia da sua felicidade conjugal atual. Esta avaliação é obviamente subjetiva e pode evoluir em função do seu bom humor ou da sua tendência a minimizar ou exagerar a realidade. Por isso, pode ser interessante responder de novo a este questionário daqui a algumas semanas.

**Interpretação resumida dos resultados**

| | |
|---|---|
| **0% a 25%** | Um de vocês dois – senão ambos – está pensando seriamente em pedir o divórcio |
| **26% a 50%** | Casal infeliz e que está correndo o risco de ficar cada vez mais infeliz |
| **51% a 75%** | Casal feliz, com altos e baixos, mas cuidado se você estiver perto de 51% |
| **76% a 100%** | Casal muito feliz, principalmente se você estiver perto de 100% |

(Para obter uma interpretação mais detalhada, visite o site www.couplebonheureux.com[6])

---

6. Site em francês [N.T.].

Gostaria de incentivar você a pedir para o seu parceiro ou parceira também responder a este pequeno teste. Depois, compare os seus resultados respectivos.

Escreva aqui o número de perguntas em que a sua resposta tenha sido 5 (muito satisfeito):
..............................................................

Escreva aqui o número de perguntas em que a resposta do seu parceiro ou parceira tenha sido 5 (muito satisfeito):
..............................................................

Escreva aqui o número de perguntas em que a sua resposta tenha sido 4 (satisfeito o suficiente):
..............................................................

Escreva aqui o número de perguntas em que a resposta do seu parceiro ou parceira tenha sido 4 (satisfeito o suficiente):
..............................................................

Quais são suas primeiras constatações?
..............................................................
..............................................................

Certas diferenças podem surpreender você de forma positiva ou negativa. Pequeno conselho: imite os casais felizes e conversem mais sobre os pontos positivos do que sobre os negativos. Regue as flores, e não as ervas daninhas! Ressalte o que vocês têm, e não o que lhes falta.

**Para uma reflexão pessoal sua:**

Escreva aqui o número de perguntas em que a sua resposta tenha sido 1 (muito insatisfeito):

. . . . . . . . . . . . . . . . . . . . . . . . . . . . . . . . . . . . . . . . . . . . . . . . . . . . . . . . . . . . . .

Escreva aqui o número de perguntas em que a resposta do seu parceiro ou parceira tenha sido 1 (muito insatisfeito):

. . . . . . . . . . . . . . . . . . . . . . . . . . . . . . . . . . . . . . . . . . . . . . . . . . . . . . . . . . . . . .

Escreva aqui o número de perguntas em que a sua resposta tenha sido 2 (pouco satisfeito):

. . . . . . . . . . . . . . . . . . . . . . . . . . . . . . . . . . . . . . . . . . . . . . . . . . . . . . . . . . . . . .

Escreva aqui o número de perguntas em que a resposta do seu parceiro ou parceira tenha sido 2 (pouco satisfeito):

. . . . . . . . . . . . . . . . . . . . . . . . . . . . . . . . . . . . . . . . . . . . . . . . . . . . . . . . . . . . . .

Quais são suas primeiras constatações?

. . . . . . . . . . . . . . . . . . . . . . . . . . . . . . . . . . . . . . . . . . . . . . . . . . . . . . . . . . . . . .

*Não discuta sobre as suas insatisfações com o seu parceir ou parceira, pois é o que os casais infelizes tendem a faze Desse modo, eles aumentam a taxa de insatisfação dele em vez de eliminarem as fontes de insatisfação. Agor responda às perguntas a seguir para si mesm(a) e dê seu cônjuge a possibilidade de fazer o mesmo. Diga ao s parceiro ou parceira que você guardará em mente as font de insatisfação dele(a).*

O que você poderia mudar na sua atitude ou comportamento para aumentar a taxa de satisfação das suas necessidades menos satisfeitas?

.....................................................................

.....................................................................

.....................................................................

.....................................................................

.....................................................................

O que você poderia mudar na sua atitude ou comportamento para aumentar a taxa de satisfação das necessidades menos satisfeitas do seu parceiro ou parceira?

.....................................................................

.....................................................................

.....................................................................

.....................................................................

.....................................................................

Uma primeira análise das respostas de 1.218 participantes deste questionário indica que:

1. De modo geral, os homens manifestam uma felicidade conjugal ligeiramente maior do que a das mulheres.

2. Um em cada dois homens se declara insatisfeito com a frequência das relações sexuais no relacionamento (pergunta n. 8).

3. 52% das mulheres estão insatisfeitas com a comunicação das emoções (pergunta n. 7).

4. Quase um em cada dois homens e uma em cada duas mulheres estão insatisfeitos com a resolução de seus conflitos (pergunta n. 18).

As duas maiores fontes de satisfação das mulheres são respeito pelo território e pelos hábitos delas (pergunta n. 2) e a qualidade do tempo que passam juntos (pergunta n. 1). As dos homens são os relacionamentos com os parentes de cada um (pergunta n. 14) e a divisão das tarefas domésticas (pergunta n. 13).

**Suas próprias fontes de satisfação ou insatisfação correspondem ao quadro apresentado?**

..................................................................
..................................................................
..................................................................
..................................................................
..................................................................
..................................................................
..................................................................

## Desequilíbrio do relacionamento

Todo casal tem o que os psicólogos chamam de paradoxo da paixão, ou seja, a coexistência entre uma necessidade de fusão (intimidade) e uma necessidade de autonomia (distância). A necessidade de fusão se manifesta em especial durante a lua de mel, que dura de doze a quatorze meses do ponto de vista bioquímico e de dois a três anos do ponto de vista psicoemotivo. Durante esse período, ambos os parceiros desejam estar juntos o máximo de tempo possível; eles conversam toda hora e fazem amor com frequência. Porém, chega um dia em que um dos parceiros sente que o outro foi finalmente "conquistado". Ele diminui então seus gestos de sedução e se dedica mais a outras esferas da sua vida, fazendo involuntariamente com que o outro parceiro deseje se aproximar para se sentir seguro. Quando tal desequilíbrio é acentuado, um dos dois parceiros busca a presença do outro, enquanto o outro tem cada vez mais a impressão de que o parceiro quer sufocá-lo. Em casais felizes, nenhum dos dois se sente abandonado ou "preso em uma armadilha".

Para saber se o "seu casal" está às voltas com um desequilíbrio, responda espontaneamente às seguintes perguntas com "sim" ou "não":

1. Um dos dois é possessivo ou ciumento? ........
2. Um dos dois muitas vezes fica esperando que o outro tome uma iniciativa? ........
3. Um dos dois é considerado bonzinho e o outro malvado? ........
4. Um dos dois faz mais esforços para estabelecer a comunicação? ........
5. Um dos dois diz "Eu te amo" ou pergunta "Você me ama?" mais vezes do que o outro? ........
6. Quando estão em público, um dos dois chama a atenção do sexo oposto mais facilmente, enquanto o outro se sente constrangido ou aborrecido por causa do comportamento de seu cônjuge? ........
7. Você faz amor por obrigação ou para agradar ao outro? ........
8. Um dos dois diz frequentemente: "A gente nunca faz nada junto"? ........
9. Quando vocês estão com seus amigos, um dos dois se sente abandonado, enquanto o outro se sente vigiado? ........
10. Um dos dois dá mais importância à carreira ou aos filhos do que ao seu cônjuge? ........
11. Um acusa o outro de ficar procurando "chifre em cabeça de cavalo"? ........
12. Quando estão a sós, você sente dificuldade em manter uma conversa? ........
13a. Se não forem casados, um de vocês frequentemente levanta a questão do casamento? ........
13b. Se forem casados, um de vocês frequentemente cogita a possibilidade de ter filhos (ou mais um filho)? ........
14. Quando brigam, um de vocês é tratado de egocêntrico, egoísta e indiferente, enquanto o outro é acusado de ser possessivo, exigente ou grudento? ........

Some os seus "sins" .......... e os seus "nãos" ..........

**Resultado:**

· Se tiver respondido "não" a todas as perguntas, você provavelmente ainda está em plena lua de mel. Continue aproveitando-a, mas não se esqueça de que, mais cedo ou mais tarde, a paixão acabará, e uma luta pelo poder começará.

· Se tiver de um a três "sins" e viverem juntos há mais de cinco anos: parabéns! Vocês aprenderam a dividir muito bem o poder e manter o mínimo - senão o máximo - de paixão entre si.

· Se tiver entre três e oito "sins", você certamente passa por altos e baixos no seu relacionamento, como qualquer casal normal. Porém, tome cuidado com a tendência para baixo.

· Se tiver mais de oito "sins" e principalmente se tiver mais de dez, gostaria de incentivar vocês a consultarem um terapeuta conjugal, pois provavelmente um dos dois está se sentindo sufocado nesse relacionamento, enquanto o outro está se sentindo totalmente incompreendido. É bem possível então que um de vocês - senão ambos - esteja seriamente pensando em se separar. Não fique se culpando, pois não é culpa sua e nem do seu parceiro ou parceira. Os únicos culpados são o paradoxo da paixão e a dificuldade de comunicação que vocês têm devido à sua ignorância recíproca desse paradoxo e das diferenças que separam ambos.

Na verdade, quanto mais "sins" você tiver respondido às perguntas, mais elementos de desequilíbrio o seu relacionamento conjugal contém e mais vocês podem estar à mercê do círculo vicioso do paradoxo da paixão e, portanto, de um desequilíbrio que se instaurou no

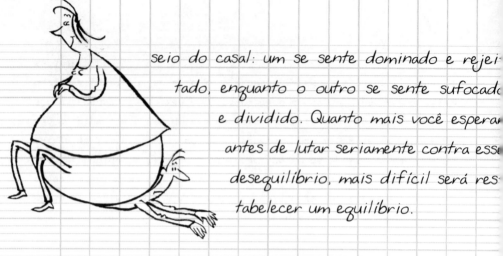

seio do casal: um se sente dominado e rejeitado, enquanto o outro se sente sufocado e dividido. Quanto mais você esperar antes de lutar seriamente contra esse desequilíbrio, mais difícil será restabelecer um equilíbrio.

## Dependência ou contradependência

Vejamos agora se você se encontra no lado dependente ou contradependente, indicando se as características a seguir se aplicam ou não ao que você está vivendo. No próximo exercício, coloque um X se você sentir que o tópico não tem nada a ver com o seu casamento ou namoro.

1. Você tem a impressão de que ama o seu parceiro ou parceira mais do que ele(a) o(a) ama. .......
2. Você tem achado o seu parceiro ou parceira cada vez mais exigente. .......
3. Você raramente diz não ao seu parceiro ou parceira. .......
4. Você às vezes se sente culpado(a) por não amar o seu parceiro ou parceira tanto quanto ela(e) gostaria. .......
5. Você está percebendo sinais de afastamento do seu parceiro ou parceira. .......
6. Você se sente cada vez mais ambivalente com relação ao seu parceiro ou parceira. .......
7. Você tem medo de ser rejeitado(a) pelo seu parceiro ou parceira. .......
8. Você deseja cada vez menos o seu parceiro ou parceira. .......
9. Você procura ter cada vez mais momentos íntimos e sexuais com o seu parceiro ou parceira. .......
10. Você se irrita cada vez mais vezes com o seu parceiro ou parceira. .......
11. A sua vida gira ao redor do seu casamento/namoro. .......
12. Você às vezes pensa em se separar, mas tem medo de ficar sozinho(a). .......
13. Às vezes acontece de você fazer chantagem emocional e mesmo ameaçar o seu parceiro ou parceira de terminar o relacionamento. .......
14. Você busca desculpas (filhos, trabalho...) para justificar o seu comportamento. .......
15. Você às vezes manifesta reações de ciúme. .......
16. Você às vezes é levado(a) a se resignar. .......
17. Um conflito interior se instaurou entre o seu coração e a sua razão. .......
18. Você está pensando em dar um tempo com o seu parceiro ou parceira. .......
19. Seus parentes e amigos se lamentam por você quando escutam seus desabafos. .......
20. Você é visto(a) e se vê como o(a) responsável pela situação. .......

Quais são suas primeiras impressões ao analisar suas respostas?

.............................................................................

.............................................................................

.............................................................................

Você diria que o relacionamento de vocês está passando
por um desequilíbrio? . . . . . . .
Se sim, você seria o dependente, buscando mais intimidade? . . . . . . .
Ou o contradependente, buscando mais distância? . . . . . . .

Some a quantidade de "sins" às perguntas ímpares. . . . . . . .
Some a quantidade de "sins" às perguntas pares. . . . . . . .

A pessoa dependente é a que obtiver o máximo de "sins" nas perguntas
ímpares, e a contradependente, o máximo de "sins" nas perguntas
pares. A pessoa dependente acredita sinceramente que o amor pode
resolver tudo, enquanto a pessoa contradependente espera que o tempo
dê um jeito nas coisas da melhor forma possível. Obviamente, ambas
estão erradas.

Se o relacionamento de vocês estiver sofrendo de forte
desequilíbrio, parem de ficar acusando um ao outro de ser
responsável por isso. O único responsável é o fato de vocês
ignorarem o paradoxo da paixão. Um bom terapeuta conjugal pode
ajudar vocês a restabelecerem o equilíbrio de relacionamento, algo
essencial às longas histórias de amor, auxiliando-os a lidar com
esse paradoxo. Vocês também podem consultar o excelente livro de
Dean Delis e Cassandra Phillips, *O paradoxo da paixão* (São Paulo:
Melhoramentos, 1991), que todos os casais deveriam ler.

# V. Será que você realmente conhece o seu parceiro ou parceira?

Para saber se você realmente conhece o seu parceiro ou parceira, responda às muitas perguntas a seguir. Tire uma cópia deste questionário e peça para ele(a) também responder sozinho(a) no canto dele(a). Depois, vocês podem conferir o conhecimento recíproco de ambos.

1. Quais são todos os nomes e apelidos do seu parceiro ou parceira?
..............................................
2. Você sabe por que os pais dele(a) escolheram esses nomes e apelidos?
..............................................................................
3. Você sabe o significado desses nomes e apelidos? ..................
..............................................................................
4. Qual é a data de nascimento dele(a)?   .../.../...
5. Ele(a) se sente feliz com a idade que tem? ..................
6. Em que cidade ele(a) nasceu? ..............................
7. Você sabe todos os nomes e apelidos dos pais e irmãos dele(a)?
..............................................................................
..............................................................................
..............................................................................
8. Ele(a) tem um bom relacionamento com: a mãe? ...........
    o pai?........... os irmãos? ...........
9. Cite o nome dos(as) três melhores amigos(as) dele(a).
..................    ..................    ..................
10. Desde quando ele(a) os(as) conhece?
..................    ..................

47

11. De que ele mais gosta nesses(as) amigos(as)?
................... ................ ..................

12. Qual é o signo astrológico dele(a)? .................

13. Qual é o signo astrológico chinês dele(a)? ..................

14. Qual é a flor preferida dele(a)? .................

15. Que tipo de romance ele(a) prefere? .................

16. Ele(a) gosta de animais? .................

De quais em especial? .................

17. Qual é o prato preferido dele(a)?.................

18. Qual é a bebida preferida dele(a)? .................

19. Ele(a) tem frescuras alimentares? .................

20. Alergias alimentares? .......
................................

21. Qual foi a data do primeiro encontro de vocês?
..../..../....

22. Onde foi? ..................
................................

23. Se moram juntos, qual foi a data do casamento de vocês ou o dia em que se juntaram?
...../...../.....

24. Qual é a rádio preferida dele(a)?
................................

25. Qual é o programa de televisão preferido dele(a)?
................................

26. Qual é o valor moral mais importante para ele(a)?
................................
................................

27. De que realização ele(a) mais tem orgulho?
................................
................................

28. Qual foi o momento mais feliz da vida dele(a)? . . . . . . . . . . . . . . . . .

29. Qual foi a maior perda da vida dele(a)? . . . . . . . . . . . . . . . . . . . . . .

30. Qual foi o momento mais traumático da vida dele(a)?
. . . . . . . . . . . . . . . . . . . .

31. Quem é a pessoa que o seu parceiro ou parceira mais detesta?
. . . . . . . . . . . . . . . . . . . .

32. Qual é o maior sonho dele(a)? . . . . . . . . . . . . . . . . . . . . . . . . . . . . .

33. Qual é o maior medo dele(a)? . . . . . . . . . . . . . . . . . . . . . . . . . . . . .

34. Qual é a carícia preferida dele(a)? . . . . . . . . . . . . . . . . . . . . . . . . .

35. Você sabe quais são as fantasias dele(a)? . . . . . . . . . . . . . . . . . . . .

36. Qual é a lembrança mais bonita que o seu parceiro ou parceira
tem do relacionamento de vocês?. . . . . . . . . . . . . . . . . . . . . . . . . . . . .

37. Você sabe quantos(as) parceiros(as) amorosos(as) ela(e) já teve?
. . . . . . . . . . . . . . . . . . . .

38. O seu parceiro ou parceira já foi traído(a)? . . . . . . . . . . . . . . . . . .

39. O seu parceiro ou parceira já foi infiel? . . . . . . . . . . . . . . . . . . . . .

40. Qual é o lazer preferido dele(a)? . . . . . . . . . . . . . . . . . . . . . . . . . .

41. Ele(a) gosta do próprio trabalho? . . . . . . . . . . . . . . . . . . . . . . . . . .

42. Que novo emprego ele(a) escolheria? . . . . . . . . . . . . . . . . . . . . . . . .

43. Qual é o sentimento de estabilidade financeira dele(a)? . . . . . . . . .

44. O que mais frustra o seu parceiro ou parceira? . . . . . . . . . . . . . . . .

45. Como ele(a) reage a frustrações? . . . . . . . . . . . . . . . . . . . . . . . . . .

46. Qual é o principal "defeito" dele(a)? . . . . . . . . . . . . . . . . . . . . . . . .

47. Você sabe o que ele(a) planeja fazer depois que se aposentar? . . .
. . . . . . . . . . . . . . . . . . . .

48. Ele(a) tem alguma doença ou deficiência hereditária? . . . . . . . . . . .

49. Qual é a religião dele(a)? . . . . . . . . . . . . . . . . . . . . . . . . . . . . . . . .

50. Qual é a maior prioridade dele(a) no momento? . . . . . . . . . . . . . . . .

**Após responder a todas estas perguntas a respeito do seu parceiro ou parceira, peça para ele(a) confirmar ou desmentir as suas respostas. Cada resposta certa vale dois pontos.**

Seu resultado: . . . . . . . . x 2 = . . . . . . . . %

O resultado do seu parceiro ou parceira: . . . . . . . . x 2 = . . . . . . . . %

**Que reflexões os dois resultados suscitam?**

...................................................................
...................................................................
...................................................................

**O que você poderia fazer para melhorar o conhecimento que você tem do seu parceiro ou parceira?**

...................................................................
...................................................................
...................................................................

Mais uma vez, ressalte o que você sabe sobre o seu parceiro ou parceira e o que ele(a) sabe sobre você, e não as lacunas de ambos. Utilize este questionário para se conhecerem melhor reciprocamente. Considere este exercício como um jogo em que o importante é jogar, e não ganhar.

# VI. O banco de amor

Imagine um banco de amor no qual cada pessoa que você conhece tivesse uma conta de poupança emotiva. Toda vez que você passasse um momento agradável com essa pessoa, você faria um depósito na conta de poupança emotiva dela. Em contrapartida, toda interação desagradável provocaria um débito da conta associada à pessoa em questão. A quantia dos créditos e débitos variaria em função da intensidade do prazer ou desprazer vivido em companhia da mesma.

O conceito de banco de amor pode explicar a evolução de todos os nossos relacionamentos - com os nossos pais, amigos, colegas de trabalho e, obviamente, parceiros amorosos. Não é de se espantar que tenhamos tendência a procurar a companhia das pessoas com as contas de poupança emotiva mais gordas e que nos apaixonemos pela pessoa com o capital mais rico.

Durante a fase de sedução e lua de mel, ambos os membros de um casal em formação fazem tantos depósitos que acabam acreditando que poderão viver para sempre com o capital amoroso que já acumularam assim. Só que o relacionamento, como já vimos, é um caldeirão em que se geram crises e conflitos, durante os quais um dos parceiros é levado a fazer débitos na conta de poupança atribuída ao outro. Pode ser que a conta de um diminua mais rápido do que a do outro, simplesmente porque as necessidades pessoais dele são frustradas com mais frequência do que as do outro. No entanto, primeiro é preciso conhecer tais necessidades!

## As necessidades conjugais dos homens e das mulheres

Todos os seres humanos têm as mesmas necessidades, mas a importância dada às diferentes necessidades variam de uma pessoa para a outra e, principalmente, de um sexo para o outro.

Veja a seguir uma lista de dez necessidades frequentemente mencionadas pelos casais que eu já atendi no meu consultório de terapia. Na sua opinião, quais são, dentre as necessidades abaixo, prioritariamente femininas ou masculinas?

| NECESSIDADES CONJUGAIS | ♀ | ♂ |
|---|---|---|
| Admiração das suas competências (1) | | |
| Comunicação verbal das emoções (2) | | |
| Cônjuge sedutor (3) | | |
| Compromisso conjugal e familiar (4) | | |
| Honestidade e transparência (5) | | |
| Brincadeiras e lazeres (6) | | |
| Paz e tranquilidade (7) | | |
| Satisfação das necessidades afetivas (8) | | |
| Satisfação das necessidades sexuais (9) | | |
| Apoio financeiro e emotivo (10) | | |

53

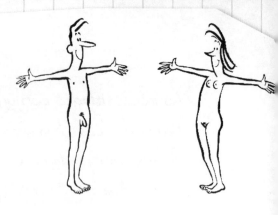

Agora, indique a importância de cada uma destas necessidades para você, colocando o número 1 na mais importante. Não procure passar uma "boa imagem" de si mesmo(a), seja sincero(a).
Assim, será possível ver melhor se você se encaixa ou não nos padrões revelados por pesquisas científicas sobre a classificação das necessidades humanas.

1. ................................................................
2. ................................................................
3. ................................................................
4. ................................................................
5. ................................................................
6. ................................................................
7. ................................................................
8. ................................................................
9. ................................................................
10. ...............................................................

Agora, avalie a ordem de prioridade destas dez necessidades para o seu parceiro ou parceira:

1. ................................................................
2. ................................................................
3. ................................................................
4. ................................................................
5. ................................................................
6. ................................................................
7. ................................................................
8. ................................................................
9. ................................................................
10. ...............................................................

Verifique com o seu parceiro ou parceira se esta ordem está certa.

Agora, está na hora de revelar a você quais necessidades conjugais o psicólogo William F. Harley[7] considera como femininas e masculinas no seio de um relacionamento. Minha experiência pessoal e conhecimento profissional profundo me incitam a confirmar os resultados das pesquisas realizadas pelo meu colega.

| ♂ | ♀ |
|---|---|
| Satisfação das necessidades sexuais (9) | Satisfação das necessidades afetivas (8) |
| Uma companheira de diversão (6) | Um companheiro para dialogar (2) |
| Uma esposa atraente (3) | Um esposo confiável e honesto (5) |
| Paz e tranquilidade (7) | Segurança (10) |
| Valorização (1) | Compromisso (4) |

---

7. **Ela precisa, ele deseja** – Construindo um casamento à prova de infidelidades. São Paulo: Candeia, 2001.

## As necessidades fundamentais dos homens e das mulheres

Muitos casais já vieram me consultar quando a conta bancária deles estava no vermelho – alguns se encontravam à beira da falência. Felizmente, nunca é tarde demais para recomeçar a fazer depósitos, levando em consideração as necessidades do outro.

O problema é que as mulheres e os homens sentem dificuldade em compreender e, acima de tudo, aceitar suas necessidades recíprocas. Cada um quer, sim, satisfazer suas próprias necessidades, mas esquece que o relacionamento existe para satisfazer as necessidades de ambos os parceiros. Senão, aumenta o risco de um deles ir saciar as necessidades insatisfeitas fora do relacionamento. Basta uma destas necessidades não ser satisfeita para colocar o relacionamento em perigo.

Aqui não tem segredo: SEMPRE HÁ DUAS NECESSIDADES COMPLEMENTARES. As dez necessidades a seguir se apresentam como os dois lados de cinco moedas:

Sem afeição... nada de sexo!
Sem comunicação... nada de ação!
Sem transparência... nada de sedução
Sem segurança... nada de tranquilidade!
Sem compromisso... nada de valorização!

⇨ Sem sexo... nada de afeição!
⇨ Sem ação... nada de comunicação!
⇨ Sem sedução... nada de transparência!
⇨ Sem tranquilidade... nada de segurança!
⇨ Sem valorização... nada de compromisso!

Os membros de casais felizes obtêm o que eles desejam da vida conjugal porque oferecem o que o outro deseja. O **nós** está a serviço de ambos os cônjuges para felicidade e realização recíprocas.

## VII. Amor e felicidade

Cerca de 20% dos casais são realmente felizes a longo prazo, e não apenas durante a lua de mel. O que eles têm de diferente dos outros casais? O que eles fazem e que os outros casais não fazem? Vejamos se você faz parte desta categoria.

**Na sua opinião, qual é o segredo (ou segredos) dos casais felizes a longo prazo?**

........................................................................
........................................................................
........................................................................
........................................................................
........................................................................
........................................................................

De acordo com pesquisas sobre o assunto, os membros de casais felizes não sabem muito bem o que eles fazem — ou não fazem — e que os deixam felizes. A resposta mais frequentemente obtida em sondagens é: "Eu sempre aceitei meu cônjuge do jeito que ele é. Nunca procurei mudá-lo". Foram os psicólogos que, após observarem milhares de casais felizes, foram mais longe em suas explicações e constataram a presença das características a seguir na maioria dos casais felizes a longo prazo.

Envolva "sim" ou "não", dependendo se a característica faz parte ou não da sua dinâmica conjugal. Aqui você também pode tirar uma cópia do questionário, pedir para o seu parceiro ou parceira completá-lo e, depois, conversar com ele(a) sobre as respostas.

1. Eles preferem ser felizes, em vez de um querer ter mais razão do que o outro.  Sim  Não

2. Eles dizem um ao outro de cinco a dez vezes mais elogios do que críticas.  Sim  Não

3. Eles não acreditam na onipotência da comunicação.  Sim  Não

4. Eles não buscam um consenso a qualquer custo.  Sim  Não

5. Eles reconhecem as diferenças deles e as colocam a serviço do relacionamento.  Sim  Não

6. Eles chegam a um acordo para viver com os desacordos para sempre.  Sim  Não

7. Eles conseguiram chegar a um entendimento no qual cada um sai ganhando.  Sim  Não

8. Eles aceitam ser influenciados um pelo outro.  Sim  Não

9. Eles não acreditam na existência da "alma gêmea".  Sim  Não

10. Eles não têm uma relação fusional.  Sim  Não

11. Eles não procuram ser compreendidos pelo outro: eles procuram compreender o outro.  Sim  Não

12. Eles não duvidam do amor ou boa-fé do outro.  Sim  Não

13. Eles sabem que o compromisso é uma consequência, e não o ponto de partida do relacionamento.  Sim  Não

14. Eles sabem que o amor é uma decisão, e não um impulso.  Sim  Não

15. Eles têm muitas aspirações em comum.  Sim  Não

16. Eles não procuram saber "quem começou".  Sim  Não

17. Ambos são exigentes com relação a si mesmos e ao outro.  Sim  Não

18. Eles buscam o mínimo de consensos e concessões possível.  Sim  Não

19. Cada um assume a responsabilidade de suas reações emotivas e aceita se questionar.  Sim  Não

20. Eles são fiéis.  Sim  Não

21. Eles amam o outro por quem ele é, e não por quem ele poderia ser.  Sim  Não
22. Eles se adaptam aos "defeitos" do outro.  Sim  Não
23. O relacionamento deles é fundado em uma profunda amizade.  Sim  Não
24. Eles não estão a salvo de conflitos, mas não se deixam invadir pelos mesmos.  Sim  Não
25. Eles utilizam técnicas de aproximação durante conflitos.  Sim  Não
26. Eles sabem que sempre há dois responsáveis em caso de briga.  Sim  Não
27. Eles têm contatos físicos assexuados cotidianamente.  Sim  Não
28. Eles guardam lembranças felizes, em vez de ficarem ruminando más lembranças.  Sim  Não
29. Eles consideram o outro como um convidado especial em suas vidas.  Sim  Não
30. Eles adquirem um sentimento de solidariedade contra os "inimigos" naturais de todo casal: filhos, sogros, amigos, dinheiro...  Sim  Não
31. Eles expressam suas necessidades (sexuais e outras) de forma direta.  Sim  Não
32. Eles se ajudam mutuamente a realizar seus respectivos sonhos pessoais.  Sim  Não
33. Eles aprenderam a ser gratos e dizer "obrigado".  Sim  Não
34. Eles seguem rituais conjugais e familiares.  Sim  Não
35. Eles recorrem à técnica "sanduíche" ao reclamarem de alguma coisa: um elogio, uma reclamação, um elogio.  Sim  Não
36. Eles não acreditam nos benefícios da crítica, mesmo a dita construtiva.  Sim  Não
37. Eles fazem uma divisão justa das tarefas domésticas.  Sim  Não
38. Eles apoiam a educação que o outro dá aos filhos, mesmo quando não concordam com ela.  Sim  Não
39. Eles se informam sobre como vai ser o dia do outro antes de saírem para trabalhar de manhã.  Sim  Não

40. Eles costumam planejar uma conversa desestressante
    no final do dia.                                      Sim      Não
41. Eles protegem a vida conjugal e familiar deles
    da vida profissional.                                 Sim      Não
42. Eles costumam reservar um momento de pelo menos
    duas horas por semana para ficarem a sós.             Sim      Não
43. Eles sabem que o amor se constrói.                    Sim      Não
44. A cama deles é um lugar de relaxamento e
    uma área de diversão, nunca um campo de
    batalha.                                              Sim      Não
45. Eles têm uma boa autoestima, além de confiarem
    em si mesmos e no outro.                              Sim      Não
46. Eles não ficam na defensiva.                          Sim      Não
47. Eles não são necessariamente mais inteligentes
    do que os outros casais.                              Sim      Não
48. Nenhum deles muda radicalmente para agradar
    ao outro.                                             Sim      Não
49. O relacionamento amoroso deles progrediu de
    forma lenta, mas segura.                              Sim      Não
50. Eles frequentemente dizem um ao outro palavras
    de amor.                                              Sim      Não

Na verdade, os membros de casais felizes preferem regar as flores, em vez das ervas daninhas.

Cada "sim" vale dois pontos:

Seu resultado: _____ X 2 = _____ %
O resultado do seu parceiro ou parceira: _____ X 2 = _____ %

Vocês obterão assim uma nova e última avaliação da felicidade conjugal recíproca de ambos.

Que reflexões os dois resultados suscitam?
...........................................................................
...........................................................................
...........................................................................

O que você poderia fazer para melhorar a sua capacidade de ser feliz?
...........................................................................
...........................................................................
...........................................................................

Utilize este e todos os outros questionários deste caderno como referências para melhorar reciprocamente a capacidade que vocês têm de ser felizes.

## Conclusão

Ao escrever este caderno, eu quis divulgar ao máximo de casais e pessoas solteiras possível os dados das pesquisas científicas sobre casais felizes. Espero ter conseguido isto e que este caderno aumente a porcentagem de casais felizes a longo prazo.

A vida a dois ainda é uma das maiores aventuras humanas e um espaço propício a mudanças, evolução e crescimento pessoal. Não é o amor que une dois seres duradouramente – é a qualidade do relacionamento deles que os leva ao amor: o amor é, neste sentido, o objetivo do relacionamento.

O amor e a felicidade são construídos ao longo de crises superadas, conflitos irresolúveis aceitos, além do conhecimento e reconhecimento da bondade e beleza dos dois seres que formam o casal. Dois seres diferentes, sim, mas que sabem valorizar a riqueza de suas diferenças e colocá-las a serviço do casal, da família e da sociedade.

O respeito, o apreço e a admiração dessas diferenças são a base do "conhecimento que constitui um renascimento com o outro" (Jacques Salomé) no seio de um casal feliz.

Desejo a cada leitor e a cada leitora a maior felicidade conjugal possível.

Yvon Dallaire

Acesse a coleção completa em

livrariavozes.com.br/colecoes/caderno-de-exercicios

ou pelo Qr Code abaixo